VORWORT

Loop-Schals, die trendigen Rund- bzw. Schlauchschals für jede Jahreszeit, sind in dieser Saison wieder das absolute Must-Have! Auch auf Tücher und Schals können wir nicht verzichten, denn sie machen jedes Outfit zu etwas Besonderem. Die textilen Halsschmeichler sind wahre Alleskönner: Sie sehen nicht nur gut aus, sondern schützen, wenn es notwendig ist, auch vor Wind und Kälte. Mit den Projekten in diesem Buch stehen Ihnen sowohl schlichtere Modelle und wahre Klassiker, als auch freche und neue Hingucker in Trendfarben und angesagten Materialien zur Auswahl. Lassen Sie sich inspirieren und unterstreichen Sie Ihren persönlichen Stil. Nähen Sie für sich, Ihre Liebsten und Freunde individuelle Alltagsbegleiter, und zeigen Sie Ihr besonderes Gespür für Mode.

Viel Spaß beim kreativen Nähen wünschen Ihnen

[illegible] Dorothea Fortmar

Beate Pöhl[illegible] Siegrid Reinelt

INHALT

Umschlagklappen

STITCH IT!

Breiter Schal mit Zierstickerei und Perlen

GRÖSSE: 50 x 200 cm
SCHWIERIGKEITSGRAD: ☆☆
SCHNITTMUSTER: Stickvorlagen Bogen A

MATERIAL:

- 100 x 140 cm Baumwollstoff mit Blumen
- 100 x 140 cm Baumwollstoff mit Karomuster in Grün
- 100 cm Samtzackenlitze in Grün
- 100 cm Bommelborte in Weiß
- 50 cm wasserlösliches Stickvlies
- kleine Glasperlen zum Aufsticken (Menge nach Belieben)
- sechsfädiges buntes Sticktwist
- Sticknadel
- passendes Nähgarn

ZUSCHNITT:

(inkl. 1 cm Nahtzugabe)

- je 1 Streifen à 50 x 140 cm aus Blumenstoff und aus Karostoff
- je 2 Stücke à 30 x 50 cm aus Blumenstoff und aus Karostoff

So geht's

Nehmen Sie den Streifen aus Blumenstoff. Übertragen Sie die Stickvorlagen auf das Stickvlies, schneiden Sie es grob aus und positionieren Sie die Motive nach Belieben auf dem Schalstück. Sticken Sie die Vögel durch das Vlies auf den Stoff und waschen Sie das Vlies anschließend mit kaltem Wasser aus. Betonen Sie einzelne Stellen im Blumenmotiv nach Belieben durch Perlenstickerei. Nähen Sie die zwei Stücke aus Karostoff rechts und links an die Schmalseiten des Blumenschals. Teilen Sie die Zackenlitze in zwei gleichgroße Stücke und nähen Sie diese ca. 1 cm unterhalb der eben gesteppten Nähte als Verzierung auf. Halbieren Sie das Bommelband ebenfalls und stecken Sie die Stücke jeweils an die unteren Enden (die Schmalkanten) des Schals. Für das Schalfutter nähen Sie an die Schmalseiten des Karostoffstreifens die beiden Stücke aus Blumenstoff. Anschließend stecken Sie beide Schalteile rechts auf rechts und nähen diese bis auf eine Wendeöffnung zusammen. Dabei wird die Bommelborte mitgefasst. Den Schal wenden, bügeln und die Wendeöffnung von Hand mit Staffierstichen schließen.

WICKEL DICH GLÜCKLICH

Geflochtener Loop aus Jerseystreifen

GRÖSSE: 30 x 115 -118 cm (je nach Flechtung)
SCHWIERIGKEITSGRAD: ☆

MATERIAL:

· 60 x 140 cm feiner Jersey in Dunkelgrau
· 60 x 140 cm feiner Ripp-Jersey in Dunkelgrau
· 8 x 140 cm feiner Jersey in Dunkelgrau mit Sternendruck
· 8 x 140 cm feiner Jersey in Dunkelgrau mit Punktedruck
· 30 x 140 cm feiner Jersey in Grau
· passendes Nähgarn
· Schlaufenwender, Sicherheitsnadeln

ZUSCHNITT:

(inkl. 1 cm Nahtzugabe)

· je 1 Streifen à 30 x 120 cm aus dunkelgrauem Jersey und aus Ripp-Jersey
· je 2 Streifen à 12 x 140 cm aus dunkelgrauem Jersey
· 1 Streifen à 12 x 140 cm aus Ripp-Jersey
· je 1 Streifen à 8 x 140 cm aus grauem Jersey, aus Sternendruck-Jersey und aus Punktedruck-Jersey

So geht's

Legen Sie alle Streifen der Länge nach rechts auf rechts zusammen und nähen Sie die langen Kanten mit 5 mm Nahtzugabe mit einem elastischen Stich oder mit der Overlock zusammen. Wenden Sie alle Schläuche.

Für die Flechtschals werden zunächst die drei schmalen Jerseystreifen (die zwei bedruckten und der graue) miteinander zu einem Zopf verflochten. Hierzu jeweils die Anfänge mit einer Sicherheitsnadel miteinander und mit einem Gewicht auf dem Tisch fixieren. Danach mit dem linken Strang beginnen und diesen über den mittleren legen, danach den rechten über den mittleren legen, wieder den linken über den mittleren und dann wieder den rechten. Diesen Vorgang bis zum Ende wiederholen. Fixieren Sie auch das Ende mit einer Sicherheitsnadel. Im nächsten Schritt arbeiten Sie den zweiten Zopf wie eben beschrieben, allerdings mit den drei 10 cm breiten Streifen. Je nachdem, wie eng und fest oder locker und weit Sie flechten, variiert die Optik des geflochtenen Zopfes.

Um den Loop zu schließen, nähen Sie an je ein Ende des dunkelgrauen breiten Schals links auf rechts ein Ende eines Flechtschals. Ziehen Sie hierzu die einzelnen Strangenden etwas auseinander und legen diese platt auf die Nahtzugabe. Steppen Sie die Stränge füßchenbreit fest. An den breiten Schal aus Ripp-Jersey nähen Sie wie eben beschrieben den zweiten Flechtschal. Nun nähen Sie jeweils zwei Enden der breiten Schals rechts auf rechts in einer Runde zusammen, soweit Sie kommen, und fassen dabei die Enden der Flechtschals mit. Das letzte Stück der Naht von Hand schließen. Sie haben nun einen sehr langen Loop mit zwei angenähten Flechtschals.

Verdrehen Sie den langen Loop zweimal in der Mitte und legen die Endschlaufen übereinander. Die Flechtschals können Sie dann einfach über den verdrehten Loop locker drapieren.

POMPON-LIEBE

Kuschel-Loop mit Pompons

GRÖSSE: 38 x 68 cm
SCHWIERIGKEITSGRAD: ☆

MATERIAL:
- 40 x 140 cm Strukturstrickwalk in Grau meliert
- 40 x 140 cm Fleece in Grau gemustert
- 80 cm Kordel, ø ca. 5 mm (evtl. aus Wolle selbst gedreht)
- 4 Pompons in Grauschwarz, ø ca. 4,5 cm
- 2 Ösen zum Einschlagen, ø 8 mm
- passendes Nähgarn
- 2 x 5 cm dünner, aufbügelbarer Vlieseline-Rest
- Lochzange und Zange mit Einsätzen für die Ösen

ZUSCHNITT:
(inkl. 1 cm Nahtzugabe)
- 1 Streifen à 40 x 70 cm aus Strukturstrickwalk
- 1 Streifen à 40 x 70 cm aus Fleece

So geht's

Markieren Sie sich auf dem Strickwalk die obere vordere Mitte des Loops mit Stecknadeln und bügeln Sie vorsichtig auf die Rückseite des Außenstoffes mit 1 cm Abstand zur Schnittkante längs den Vlieselinerest auf. Markieren Sie sich je einen Punkt 1,5 cm rechts und links der vorderen Mitte und mit 2,5 cm Abstand zur Stoffkante. Stanzen Sie in die Punkte ein Loch für die Ösen und drücken Sie gemäß Herstelleranleitung die Ösen in die Löcher. Jetzt die beiden Stoffe rechts auf rechts kantengenau aufeinander legen, stecken und die Längskanten füßchenbreit zusammensteppen. Sie haben nun einen langen

Schlauch vor sich liegen, die rechte Stoffseite liegt innen. Schieben Sie Ihren Arm durch den Schlauch und ziehen Sie ein Ende so weit durch den Schlauch durch, bis die runden offenen Kanten und die eben gesteppte Naht rechts auf rechts aufeinander liegen. Nähen Sie diesen Tunnel bis auf ein Wendeloch von ca. 10 cm zusammen und wenden Sie alles durch die Öffnung.

Fädeln Sie ein Ende der Kordel von außen durch die erste Öse und durch den Loop und von innen durch die zweite Öse wieder nach außen. Schieben Sie die Kordel bis an die obere Loop-Naht und fixieren diese mit ein paar Stecknadeln. Arbeiten Sie die Nahtumbruchkante schön aus und steppen Sie einen Kordeltunnel im Abstand von 4 cm zur Nahtkante. Schließen Sie die Wendeöffnung von Hand mit einem Staffierstich oder steppen Sie das Loch sehr schmalkantig zusammen. Zum Schluss noch jeweils zwei Pompons an die Kordelenden nähen oder knoten.

ZUGEKNÖPFT

Durchzieh-Wickelschal mit Druckknopfleiste

GRÖSSE: 27 x 140 cm

SCHWIERIGKEITSGRAD: ☆ ☆ ☆

MATERIAL:

- 30 x 140 cm feiner Merinowollstoff in Anthrazit mit Nadelstreifen
- 30 x 140 cm gemusterter, festerer Jersey in Dunkelgrau
- 30 x 20 cm Satin in Schwarz
- 5 Druckknöpfe in Schwarz
- 30 x 25 cm dünne, aufbügelbare Vlieseline
- passendes Nähgarn

ZUSCHNITT:

(inkl. 1 cm Nahtzugabe)

- je 1 Streifen à 27 x 140 cm aus Merinowollstoff und Jersey, Schlitz siehe Schemazeichnung auf S. 12
- 2x Knopfleiste 27 x 10 cm aus Satin
- 2x Knopfleiste 27 x 10 cm aus Vlieseline
- 2x Rechteck 10 x 2 cm aus Vlieseline zur Schlitzverstärkung

So geht's

Bügeln Sie zunächst für die Knopfleisten die Vlieseline auf die linke Seite der Streifen aus Satinstoff. Falten Sie die Streifen danach längs rechts auf rechts zur Hälfte auf 5 x 27 cm und steppen Sie die Schmalseiten zusammen. Schneiden Sie die Nahtzugabe an den Ecken bis zur Naht zurück und wenden Sie die Knopfleisten.

Steppen Sie an je ein Ende des Wollschals rechts auf rechts mittig und mit 5 mm Nahtzugabe an die Schmalseiten eine Knopfleiste an. Die Schnittkanten liegen aufeinander. Markieren Sie sich auf den linken Seiten des Wollschals und des Jerseyschals die Position des Durchziehschlitzes und bügeln Sie jeweils ein Vlieseline-Rechteck zur Verstärkung auf. Zeichnen Sie sich die genaue Schlitzposition entsprechend der Schemazeichnung auf die Vlieseline-Seite eines Stoffes auf. Legen Sie danach die beiden langen Schalteile kantengenau rechts auf rechts aufeinander, die Verstärkungen übereinander und stecken Sie den Bereich des Schlitzes sorgfältig zusammen. Steppen Sie ein schmales Rechteck von 8,6 cm x 6 mm um den eingezeichneten Schlitz. Schneiden Sie für den Schlitz exakt auf Ihrer Markierungslinie durch beide Stofflagen und

weiter Seite 12

machen Sie ab den Linienenden vorsichtig diagonal in die Ecken des schmalen Rechtecks einen kleinen Schnitt bis an die Naht (siehe Skizze). Ziehen Sie den Jerseystoff durch den verstürzten Schlitz, formen Sie die Umbruchkanten gut aus und legen Sie nun die Stoffe links auf links kantengenau aufeinander. Nähen Sie den Schal verstürzt zusammen. Nehmen Sie die Ecke vom kurzen Ende zum Schlitz in die Hand und legen Sie die Stoffe rechts auf rechts aufeinander. Stecken Sie sich die Ecke zusammen. Von hier aus stecken Sie die Stofflagen weiter rechts auf rechts zusammen, so weit wie Sie kommen. Sie müssen hierzu den Stoff etwas durch den Schlitz wieder durchziehen. Steppen Sie dann die Schalteile zusammen. Im Bereich der Schalenden fassen Sie die vorab fixierten Schnittkanten der Knopfleisten einfach mit (Achtung: nur an den Schmalseiten des Schals). An den Ecken schneiden Sie wieder die Nahtzugaben bis zur Naht zurück. Ziehen Sie den genähten Schal erneut durch den Schlitz zurück und formen die Kanten aus. Nun können Sie den verbleibenden Rest wie eben beschrieben nochmals durch das noch offene Wendeloch bzw. den Schlitz ziehen und wieder soweit verstürzt zusammennähen, wie Sie kommen. Wenden Sie auch diesen Teil wieder zurück. Das verbleibende Wendeloch schließen Sie anschließend von Hand mit Staffierstichen.

Zum Schluss markieren Sie die Positionen der Druckknöpfe auf den Knopfleisten und drücken diese auf die Markierungen. Beachten Sie hierbei die Platzierung der Ober- und Unterteile. Die jeweiligen Gegenstücke müssen aufeinanderpassen, wenn Sie den Schal schließen wollen.

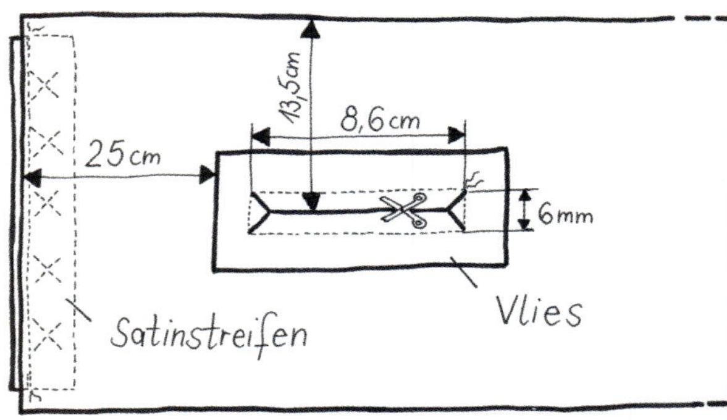

Länge Schlitz: 8 cm

Position Schlitz: mittig nach 13,5 cm von der Seitenkante (Nahtzugabe mitgemessen) und 25 cm von der Schmalseite

Absteppung: je 3 mm neben dem Schlitz

Platzierung Vlieseline: 10 x 2 cm zentriert über dem Schlitz

BLUMENLUST

Dreieckstuch aus Leinenjersey mit Blumenrankenmuster und Spitzensaum

GRÖSSE: ca. 140 x 70 cm
SCHWIERIGKEITSGRAD: ☆☆

MATERIAL:
- 70 x 150 cm Wollstrickstoff, z.B. Leinenjersey mit Wollmuster
- 3 m Spitze in Fuchsia, 4 mm breit
- 3 m Baumwollspitze in Natur, 12 mm breit
- passendes Nähgarn
- evtl. 20 x 90 cm Stickvlies

ZUSCHNITT:

(inkl. 1,5 cm Nahtzugabe)
Wählen Sie die Seite mit dem schöneren Blumenmuster im Bereich der Tuchspitze aus.
Legen Sie den Stoff im Maschenlauf zur Hälfte, d.h. in den Stoffbruch, und ziehen Sie diagonal, von einer offenen Ecke zur künftigen Tuchspitze, jeweils mit 1 cm Abstand zur Webkante, eine Linie. Zeichnen Sie 1,5 cm Nahtzugabe außerhalb des Dreiecks an und schneiden Sie es an der äußeren Markierung aus (siehe Schnittplan S. 14). Hinweis: Im Eckbereich sind die Ecken durch die Nahtzugabe nicht spitz.

So geht's

Säumen Sie die äußeren Kanten, indem Sie rundherum 7 mm um- und 7 mm einschlagen. Im Eckbereich schlagen Sie zunächst die Nahtzugabe an der Spitze um, erst danach die Seiten des Dreieckstuchs (siehe Skizze S. 14). Bei der rechtwinkligen Spitze treffen die Kanten genau aneinander, bei den spitzwinkligen Ecken liegen die Säume etwas übereinander. Fixieren Sie den Saum mit großen Heftstichen.

weiter Seite 14

Nähen Sie zunächst an einem Stoffrest zur Probe einen Saum, ziehen Sie dabei nicht am Stoff. Wird die Kante wellig, hilft ein ca. 3 cm breiter Streifen Stickvlies, den Sie unter dem Strickstoff mit annähen. An der Naht entlang können Sie ihn später leicht wieder abreißen. Nähen Sie rundherum einen Saum mit einem feinen Zickzackstich und ziehen Sie den Heftfaden vor dem Nähen jeweils 4-5 cm heraus. Schlagen Sie den Saum an der oberen Tuchkante nochmals um und fixieren ihn mit Staffierstichen. So wird er stabiler. Im Bereich der Dreieckspitzen (etwa 5 cm von der jeweiligen Ecke gemessen) muss der Saum schmaler werden und in den Ecken spitz zulaufen. Als nächstes stecken Sie die fuchsiafarbene Zierspitze von rechts an den schrägen Kanten fest und steppen sie auf den Saum. Schlagen Sie die Enden des Zierbandes dabei 1 cm nach innen. Über die erste Spitze nähen Sie nun die naturfarbene Spitze. Stecken Sie sie wieder an den Tuchseiten fest, führen Sie diesmal die Enden des Bandes um die Spitze herum und schlagen Sie die Enden, wieder 1 cm, auf der Tuchrückseite ein. Um eine unauffällige Naht zu erhalten empfiehlt es sich, die Spitze von Hand mit kleinen Rückstichen anzunähen. Im Bereich der mittleren Dreieckstuchspitze verläuft die naturfarbene Spitze über die Rückseite zur zweiten Dreieckskante.

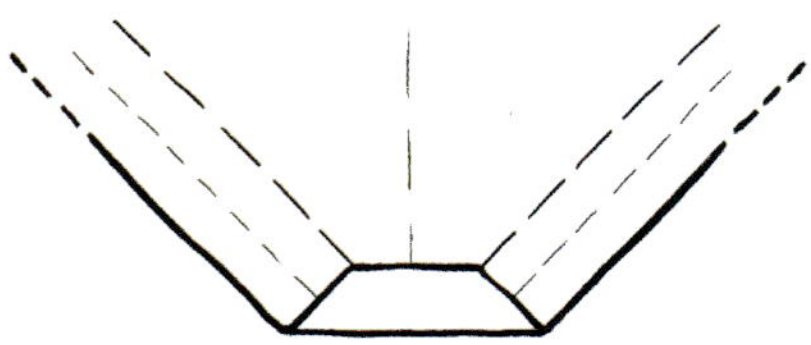

Tuchspitze

Schnittplan

ABGEDREHT

Zarter Volantschal für laue Abende

GRÖSSE: 25 x 300 cm
SCHWIERIGKEITSGRAD: ☆☆
SCHNITTMUSTER: Spirale auf Bogen A

MATERIAL:

- 150 x 140 cm feiner gemusterter Baumwoll-Voilé
- passendes feines Nähgarn oder Stickgarn
- Elastiknähfaden (Gummigarn als Unterfaden)

ZUSCHNITT:

(inkl. 1 cm Nahtzugabe)
2x Schnittteil Spirale im Stoffbruch

So geht's

Versäubern Sie die äußeren Schnittkanten mit einem einfachen schmalen Zickzackstich (Stichlänge 2, Stichbreite 2) Ihrer Nähmaschine oder mit dem Rollsaum der Overlock. Danach legen Sie beide Spiralen-Teile kantengenau links auf links aufeinander und stecken die Stofflagen an den Innenkanten zusammen. Nähen Sie diese Kanten mit einem schmalen Zickzackstich bzw. Rollsaum zusammen. Nun spulen Sie das Gummigarn unter Dehnung auf eine Spule als Unterfaden und wechseln den Unterfaden gegen die Spule mit dem Gummifaden aus. Jetzt können Sie die beiden Spiralen entlang der Zickzackkante bzw. des Rollsaums der Innenkurve mit einem kurzen schmalen Zickzackstich abnähen. Vernähen Sie den Anfang und das Ende der Naht mehrmals, damit das Gummi nicht herausrutscht. Der Volantschal rüscht sich durch das Gummiband automatisch noch etwas mehr und wirkt noch fluffiger.

ZIP IT UP!

Reißverschluss-Loop aus Leinenstrick

GRÖSSE: 28 x 150 cm
SCHWIERIGKEITSGRAD: ☆☆☆

MATERIAL:
- 60 x 105 cm ungefärbter Hanf-Leinen-Strickstoff
- 10 x 150 cm Leinenjersey in Natur
- 25 cm teilbarer Reißverschluss in Beige
- je 30 cm Samtband in verschiedenen Farben und Breiten (z.B. Bordeaux, Altrosa, Lila und Pink)
- passende Nähgarne
- doppelseitiges Klebeband als Nähhilfe, 4 mm breit

ZUSCHNITT:
(inkl. 1 cm Nahtzugabe)
- 2 Stücke à 30 x 75 cm aus Hanf-Leinen-Strickstoff (beide Teile an der Stoffballenkante ansetzen)
- 2 Streifen à 3,25 x 150 cm aus Jersey
- 3 Streifen à 3,25 x 30 cm aus Jersey

So geht's

Wählen Sie vom Strickstoff die Stoffseite als rechte, die Ihnen besser gefällt. Nähen Sie die beiden Schalteile an den 30 cm langen Schnittkanten rechts auf rechts zusammen und bügeln Sie die Naht auseinander. Stecken Sie einen der kurzen Jerseystreifen mit eingeschlagenen Nahtzugaben über die Naht bzw. Nahtzugaben auf der Tuchinnenseite und steppen Sie ihn mit zwei schmalkantigen Nähten auf.
Legen Sie den Stoff an beiden Schalenden (Stoffballenkante) gemäß Skizze (siehe S. 20) in Falten. (Achtung: Beim Strickstoff müssen diese Kanten nicht versäubert werden. Wenn Sie einen anderen Stoff verwenden, versäubern Sie die Kanten vor dem Falten.) Kleben Sie einen Streifen doppelseitiges Klebeband auf die Oberseiten des Reißverschlusses und befestigen Sie ihn an den mit Falten versehenen Seiten des Schals. Das untere Ende und das Ende der Zähnchen vom Reißverschluss sollten etwa 1 cm Abstand zu den Stoffkanten haben (dies ist die Nahtzugabe für den späteren Saum). Nähen Sie den Reißverschluss mit einem Reißverschlussfüßchen fest.

weiter Seite 20

Auf der Rückseite wird die Reißverschlusskante eingefasst. Stecken Sie dafür jeweils die zwei übrigen kurzen Jerseystreifen kantenbündig an diese Kante und nähen Sie sie fest. Klappen Sie dann die Streifen um, stecken Sie sie mit seitlich eingeschlagener Nahtzugabe fest und steppen Sie sie schmalkantig auf.

Wählen Sie Samtbandstreifen aus und stecken Sie sie nebeneinander mit etwa 18 cm Abstand parallel zur linken Reißverschlusskante auf. Steppen Sie die Streifen in passender Garnfarbe beidseitig schmalkantig auf. Passen Sie dabei die Farben des Oberfaden und der Spule jeweils der Stoff- bzw. Bandfarbe an.

Zum Schluss fassen Sie die beiden Längskanten des Schals mit einem Jerseystreifen ein: Nähen Sie den Streifen rechts auf rechts kantenbündig an und bügeln ihn nach innen um. Schlagen Sie die Nahtzugabe zunächst an den Enden des Streifens ein und schneiden Sie die Ecken der Nahtzugaben weg, jedoch nicht zu knapp. Steppen Sie nun den Streifen auf ganzer Länge mit eingeschlagener Nahtzugabe schmalkantig auf. An den Enden des Streifens nähen Sie die kleinen Öffnungen von Hand zu.

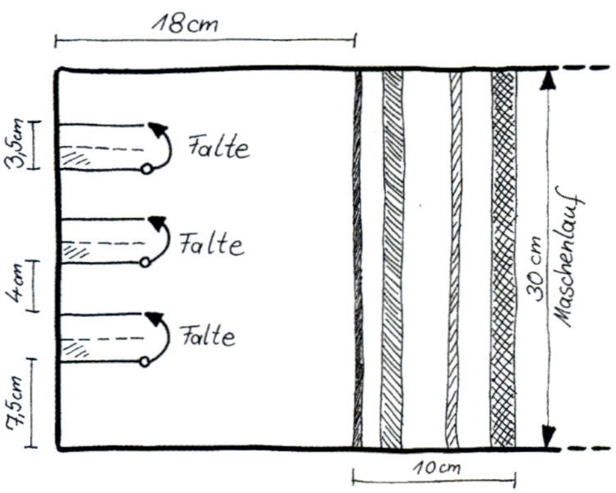

LEUCHTBOMMEL

Dreieckstuch zum Wenden mit Bommelborte

GRÖSSE: 160 x 80 cm
SCHWIERIGKEITSGRAD: ☆☆
SCHNITTMUSTER: Dreieckstuch A und B (entsprechend der Stoffbreite)

MATERIAL:

- 70 x 160 oder 180 cm Ajour-Jersey in Türkis
- 70 x 150 cm Baumwollbatist in Grau
- 3 m Pomponborte in Neonorange, 10 mm breit
- 3 m Pomponborte in Dunkelgrau, 10 mm breit
- Nähgarn und Sticktwist in Orange und Dunkelgrau

ZUSCHNITT:
(inkl. 1 cm Nahtzugabe)

- 1x Schnittteil Dreieck im Stoffbruch aus Jersey
- 2x Schnittteil Dreieck aus Batist (siehe Skizze S. 22)

HINWEIS: Die Schnittkanten der Pomponborten über einer Flamme leicht anschmelzen.

So geht's

Legen Sie die zwei Dreiecke aus Batist in gleicher Ausrichtung (Fadenlauf) rechts auf rechts und nähen Sie die Teile an der Anstoßkante bis auf eine Wendeöffnung von 10 cm zusammen. Bügeln Sie die Nahtzugaben auseinander und steppen Sie die Kante mit zwei Ziernähten in Orange und Dunkelgrau beidseitig der Anstoßkante ab.

Das Jersey-Dreieck und das zusammengesetzte Batist-Dreieck sollten gleich groß sein, schneiden Sie eventuell überstehenden Stoff zurück. Nähen Sie nun die Tuchteile rechts auf rechts rundherum zusammen. Schneiden Sie die Nahtzugabe an

weiter Seite 22

den Ecken bis knapp zur Naht zurück, wenden Sie das Tuch und bügeln Sie die Nähte auseinander. Steppen Sie als nächstes die lange Oberkante schmalkantig ab.

Eine Pomponborte, z.B. die neonorange, wird auf der Jersey-Seite, die andere, die graue, auf der Batist-Seite angebracht. Passen Sie die Farben des Oberfadens und der Spule jeweils der Stofffarbe an. Machen Sie jeweils eine Nähprobe, die Fadenspannung muss bei dickeren Lagen neu eingestellt werden.

Beginnen Sie mit der grauen Borte, schlagen Sie das Bortenende jeweils 1 cm um und nähen Sie das Band mit einem Zickzackstich an. Kurz vor dem Ende jeder Seite müssen Sie evtl. etwas am Band ziehen, damit die Bommel symmetrisch fallen. Beim Annähen der zweiten Borte muss an der Position der Borte evtl. ein wenig geschoben oder gezogen werden, damit die Farben der Kugeln sich abwechseln.

Sollten die Stofflagen am Anfang und am Ende für Ihre Nähmaschine zu dick sein, nähen Sie das letzte Bommelstück von Hand an. Schließen Sie die Wendeöffnung mit Staffierstichen.

Sticken Sie zum Schluss, dem Ajourmuster entsprechend, einige Blumen in grauer und leuchtend orangener Garnfarbe nach. Stecken Sie dabei die Nadel senkrecht in den Stoff, dann ist das Motiv von beiden Seiten zu erkennen.

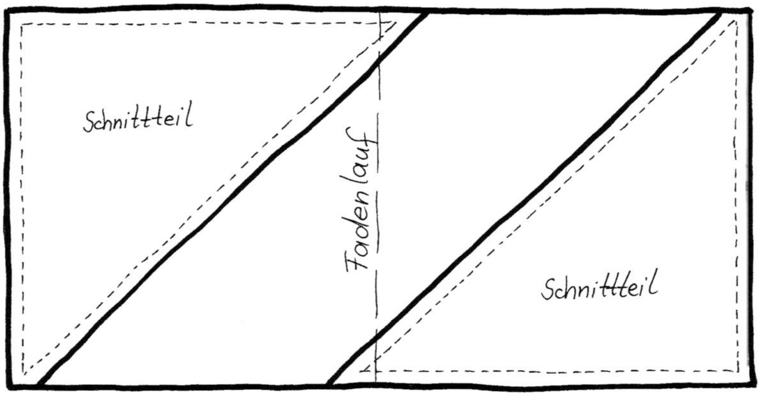

LIBERTY

Geraffter Rundschal

GRÖSSE: 32 x 150 cm

SCHWIERIGKEITSGRAD: ☆☆☆

MATERIAL:

- 40 x 136 cm geblümter Liberty-Baumwollstoff
- 40 x 140 cm Viskose-Satin in Schwarz
- 2,50 m Gummiband zum Mitnähen, 10 mm breit
- passendes Nähgarn
- wasserlöslicher Textilstift oder Schneiderkreide

ZUSCHNITT:

(inkl. 1 cm Nahtzugabe)

- 1 Streifen à 40 x 135 cm in Geblümt
- 1 Streifen à 40 x 135 cm in Schwarz
- Gummiband: 2 Stücke à 125 cm

So geht's

Nähen Sie beide Streifen an einer Längsseite zusammen, bügeln Sie die Nahtzugabe in eine Richtung und steppen Sie die Kante von rechts ab.

Die Gummibänder werden auf der Stoffinnenseite jeweils mittig längs aufgenäht. Ziehen Sie dafür mit Schneiderkreide oder einem Stoffmarkierstift eine Linie auf dem geblümten und eine auf dem schwarzen Stoff.

Unterteilen Sie den Stoff längs in vier Abschnitte und markieren Sie die Punkte auf den zuvor gezogenen Linien. Unterteilen Sie die Gummibänder in Viertel und nähen Sie sie auf den Markierungen fest. Lassen Sie das Gummiband an der Seite, an der Sie mit der Naht beginnen, noch 1 cm über der Stoffkante überstehen (dient zum Festhalten). Beim Zusammennähen müssen Sie das Gummiband entsprechend der Stofflänge gespannt halten und gleichmäßig mit einem großen Zickzackstich oder Elastikstich nähen. Beim Unterbrechen der Naht muss auch das schon genähte Stück gespannt gehalten werden, damit die Naht gleichmäßig verläuft. Probieren Sie an einem Reststück.

Als nächstes soll die Seitennaht versetzt zusammen genäht werden. Messen Sie dafür die schmale Kante und markieren Sie den gemessenen Abstand an der langen Kante des Stoffstreifens. Stecken Sie die Stoffseiten jetzt rechts auf rechts von diesem Punkt aus zusammen, an beiden Enden entsteht eine Spitze, und schließen Sie die Kante. Beginnen Sie nach 1 cm und beenden Sie die Naht 1 cm von dem Ende der Kante (Nahtzugabe), weil hier später die Spitze angesetzt wird.

Locker auf den Tisch gelegt dreht der Schlauch sich fast von alleine, eine Stoffspitze liegt auf der unteren Schlauchseite, eine auf der oberen. Nicht wenden!

Greifen Sie in den Schlauch und ziehen Sie eine Kante hinein ohne ihn zu verdrehen. Die Spitze der einen Seite trifft jetzt auf die entstandene Ecke (Seitennahtanfang), stecken Sie beide Punkte und die anschließenden Stoffkanten zusammen. Kontrolle: Die Gummibandenden und die Streifenansätze treffen aufeinander.

Schließen Sie die Naht rundherum bis auf eine Wendeöffnung von 8 cm (in einem Bereich ohne Gummizug). Wenden Sie den Rundschal und schließen Sie die Wendeöffnung von Hand mit Staffierstichen.

FLOWER POWER

Dreifarbiger Retroloop mit Blumenraffer

GRÖSSE: 32 x 118 cm
SCHWIERIGKEITSGRAD: ☆
SCHNITTMUSTER: Blumenvorlage Bogen B

MATERIAL:
- 30 x 140 cm feiner Jersey in Dunkelblau
- 22 x 140 cm feiner Jersey in Orange
- 22 x 140 cm feiner Jersey im Retrodesign
- 1 Kam Snap-Drucknopf in Orange
- 20 x 15 cm dünner, aufbügelbarer Vlieseline-Rest
- je 25 cm Satinband in Orange, Rot und Blau, 3–10 mm breit
- passendes Nähgarn
- Backpapier

ZUSCHNITT:
(inkl. 1 cm Nahtzugabe)
- 1 Streifen à 30 x 120 cm aus Retrodesign-Jersey
- 2 Streifen à 20 x 120 cm aus dunkelblauem und orangenem Jersey
- 10 x 20 cm für die große Blume aus orangenem Jersey
- 8 x 16 cm für die mittlere Blume aus Retrodesign-Jersey
- 6 x 12 cm für die kleine Blume aus blauem Jersey
- je 1 x die Blumenvorlage in groß, mittel und klein aus Vlieseline
- 1 Streifen à 6 x 12 cm aus dunkelblauem Jersey

So geht's

Stecken und nähen Sie zunächst zwei Jerseystreifen füßchenbreit rechts auf rechts an den Längsseiten aneinander. Fügen Sie an eine Längsseite den dritten Jerseystreifen rechts auf rechts an und nähen Sie danach die beiden offenen Längsseiten zusammen. Sie haben nun einen langen Schlauch vor sich liegen, die rechte Stoffseite liegt innen. Schieben Sie Ihren Arm durch den Schlauch und ziehen Sie ein Ende so weit durch den Schlauch durch, bis die runden offenen Kanten rechts auf rechts aufeinander liegen. Nähen Sie diesen Tunnel bis auf ein Wendeloch von ca. 10 cm zusammen und wenden Sie alles durch die Öffnung. Zum Schluss die Wendeöffnung von Hand mit einem Staffierstich schließen oder das Loch schmalkantig zusteppen.

Für den Blumenraffer zeichnen Sie die drei Blumenvorlagen auf die Vlieseline und schneiden die Blumen aus. Falten Sie jeweils die Stoffrechtecke rechts auf rechts zur Hälfte, sodass die kurzen Kanten aufeinander liegen. Legen Sie dann jeweils die Blumen aus Vlieseline mit der Klebeseite auf die linken Stoffseiten (groß = orange, mittel = bunt, klein = blau). Decken Sie die mit der Vlieseline bedeckten Stoffe mit Backpapier ab und bügeln Sie die Vlieseline vorsichtig fest. Nach dem Abkühlen steppen Sie die jeweils doppelt liegenden Stoffe an der Vlieseline-Kante bis auf eine Wendeöffnung zusammen. Schneiden Sie danach die Blüten schmal (ca. 2-3mm) außerhalb der Naht aus und machen einen kleinen Schnitt in den Innenecken bis dicht an die Naht. Wenden Sie die Blüten und nähen Sie die Wendelöcher von Hand zu. Jetzt den kleinen Jerseystreifen der Länge nach rechts auf rechts zur Hälfte falten und die Längskante und eine Schmalseite zusammennähen. Wenden Sie den Streifen - die Längsnaht liegt hier an einer Seite, stülpen Sie die Nahtzugabe der noch offenen schmalen Kante nach innen und nähen diese zusammen. Zum Anbringen des Kam Snaps drücken Sie mittig auf den Zapfen des Kam Snap-Unterteils die Satinbänder und drücken anschließend das Drücker-Unterteil mittig in ein Ende des Jerseystreifens. Am anderen Ende des Streifens wird nun die Blüte mit dem Gegenstück des Kam Snaps befestigt: Auf den Zapfen des Kam Snap-Oberteils drücken Sie mittig die

Blütenteile. Beginnen Sie mit der kleinen Blüte, dann die mittlere und zum Schluss die große, danach das andere Ende des Jerseystreifens. Drücken Sie dann das Drücker-Oberteil mit festem Druck zusammen. Beachten Sie beim Einarbeiten der Drücker die Richtung: Der Jerseystreifen soll sich zum Ring schließen, daher liegen die jeweiligen Verschlussteile auf der entgegengesetzten Seite!

Den Loop drapieren: Legen Sie sich den Loop über beide Arme und verdrehen Sie ihn einmal in der Mitte. Legen Sie die Enden dann wieder übereinander. Über der Verdrehung befestigen Sie den Stoffblumenring.

JUST BUSINESS

Krawattenschal aus feinen Materialien

GRÖSSE: 20 x 142 cm
SCHWIERIGKEITSGRAD: ☆☆
SCHNITTMUSTER: Krawattenschal Bogen B

MATERIAL:
- 25 x 150 cm feiner Merinowollstoff in Dunkelblau mit Nadelstreifen
- 25 x 150 cm Seide in Pink mit blauen Punkten
- passendes Nähgarn

ZUSCHNITT:
(inkl. 1 cm Nahtzugabe)
- 1x Krawattenschal aus Merinowollstoff
- 1x Krawattenschal aus Seide (siehe Markierung im Schnittmuster)

So geht's

Falten Sie am breiten Ende des Krawattenschals aus Wollstoff den Aufschlag wie im Schnittmuster eingezeichnet (5 cm auf die rechte Stoffseite) und fixieren die Falten mit Stecknadeln. Dämpfen bzw. bügeln Sie die Falten vorsichtig in den Stoff und steppen Sie diese danach zunächst mit einem langen Steppstich seitlich schmalkantig auf der Nahtzugabe zur Fixierung fest. Legen Sie nun beide Krawattenschals kantengenau rechts auf rechts aufeinander. Stecken und steppen Sie die Außenkanten bis auf eine Wendeöffnung von ca. 10 cm zusammen. Schneiden Sie die Nahtzugaben an den Ecken bis knapp zur Naht zurück. Wenden Sie alles durch die Öffnung und schließen Sie das Loch von Hand mit Staffierstichen.

Nun falten Sie die seitlichen Kanten des breiten Endes in Höhe des Aufschlages, ebenfalls wie im Schnitt markiert, auf die Seite des Futterstoffes. Nähen Sie den Umschlag auf der Länge des Aufschlages von Hand unsichtbar mit Staffierstichen zusammen, sodass Sie eine Art Schlaufe erhalten, die von vorne wie ein Krawattenknoten aussieht.

Um den Krawattenschal zu drapieren, halten Sie das Schlaufenende vor sich, wickeln den Krawattenschal ein- bis zweimal um den Hals und ziehen Sie dann das spitz zulaufende Krawattenende durch die Schlaufe und zupfen es zurecht wie eine Krawatte, oder wie es Ihnen sonst am besten gefällt.

SYMMETRIE

Karierter Schal mit Knopf

GRÖSSE: 20 x 148 cm
SCHWIERIGKEITSGRAD: ☆

MATERIAL:
- 44 x 150 cm karierter Baumwollstoff in Grau
- 3 m Kordel in Schwarz, ø 2–4 mm
- 1 Knopf in Schwarz, ø 2 cm
- passendes Nähgarn

ZUSCHNITT:
(inkl. 1 cm Nahtzugabe)
2 Streifen à 22 x 140 cm aus kariertem Stoff

So geht's

Breiten Sie einen Stoffstreifen mit der rechten Seite nach oben aus und platzieren Sie nach Belieben Kordelstücke darauf. Anschließend feststecken und mit schmalen Zickzackstichen festnähen. **Achtung:** Schneiden Sie die Kordelenden nicht weg, sondern lassen Sie sie ca. 5 cm lang über die Stoffkanten hängen!
Nun die beiden Stoffstreifen rechts auf rechts aufeinanderlegen, ringsherum feststecken und zusammennähen. Dabei an einer Schmalseite eine 7 cm lange Wendeöffnung lassen.
Schneiden Sie die Nahtzugaben an den Ecken bis knapp zur Naht zurück und kürzen Sie die Kordelenden auf 1 cm ein. Wenden Sie den Schal auf rechts und formen Sie Ecken und Seiten vorsichtig aus. Den Schal bügeln und dabei die Lage der Seitennähte immer wieder kontrollieren. Sie müssen exakt entlang der Stoffkante verlaufen und dürfen nicht nach innen rutschen. Schließen Sie die Wendeöffnung mit Staffierstichen.
Drapieren Sie den Schal um Ihren Hals und legen Sie die Positionen für Knopf und Knopfloch fest. (Das Modellfoto rechts kann Ihnen dafür als Inspiration dienen.) Zum Schluss Knopfloch und Knopf an den markierten Stellen anbringen.

MUSTERMIX

Bunter Loop mit grafischen Mustern

GRÖSSE: 21 x 156 cm
SCHWIERIGKEITSGRAD: ☆

MATERIAL:
- 45 x 110 cm Baumwollstoff in Rot
- 45 x 110 cm Baumwollstoff in Hellgrau
- 45 x 110 cm Baumwollstoff in Mittelgrau
- 45 x 110 cm Baumwollstoff in Anthrazit
- passendes Nähgarn

ZUSCHNITT:
(inkl. 1 cm Nahtzugabe)
- 1 Stück à 45 x 26 cm in Rot
- 2 Stücke à 45 x 55 cm in Hellgrau und in Anthrazit
- 1 Stück à 45 x 31 cm in Mittelgrau

So geht's

Nähen Sie die Stoffteile jeweils an der 45 cm langen Kante in beliebiger Reihenfolge rechts auf rechts aneinander. Für das vorliegende Modell ist die Reihefolge hellgrau, mittelgrau, rot und anthrazit. Probieren Sie verschiedene Kombinationen aus, indem Sie die Stoffe nebeneinander legen und von weitem betrachten. Bügeln Sie die Nahtzugaben in eine Richtung und steppen Sie die Kanten von rechts nochmals ab.

Legen Sie jetzt die beiden langen Seiten rechts auf rechts aufeinander und nähen Sie sie zusammen. Bügeln Sie die Nahtzugabe auseinander. Nicht wenden! Greifen Sie in den Tunnel und ziehen Sie das Ende des Schlauches hindurch, bis die Kanten bündig aneinander liegen. Nähen Sie jetzt die Kanten rechts auf rechts, bis auf eine Wendeöffnung von 5 cm, zusammen.

Ziehen Sie den Schal durch die Wendeöffnung und schließen diese anschließend von Hand mit Staffierstichen. Ungebügelt lässt sich der Schal besonders schön drapieren.

SO SCOODIE!

Kuscheliger Kapuzenschal

GRÖSSE: 50 x 140 cm
SCHWIERIGKEITSGRAD: ☆☆
SCHNITTMUSTER: Kapuzenschal Bogen A

MATERIAL:
- 50 cm x 140 cm geblümter Cordstoff in Braun
- 50 cm x 140 cm gestreifter Jersey in Orange
- 10 cm Gummiband in Rot
- 1 Knopf, ø 1,5 cm, farblich passend
- passendes Nähgarn

ZUSCHNITT:
(inkl. 1 cm Nahtzugabe)
- 2 x Kapuzenseitenteil aus Cordstoff
- 1 x Kapuzenmittelteil aus Cordstoff
- 2 x Kapuzenseitenteil aus Jersey
- 1 x Kapuzenmittelteil aus Jersey

So geht's

Übertragen Sie die Schnittteile auf die linke Seite der Stoffe und verlängern Sie beim Kapuzenseitenteil die Schalseiten auf 80 cm. Schneiden Sie die Teile aus Cord und Jersey zu. Nähen Sie das Kapuzenmittelteil aus Cord und Jersey jeweils rechts auf rechts zwischen die Kapuzen-

seitenteile. Stecken Sie nun beide zusammengesetzten Teile rechts auf rechts, und stecken Sie gemäß Markierung im Schnittmuster auch die Enden des Gummibands kantenbündig zwischen die Lagen, sodass eine Schlaufe ensteht. Nähen Sie die langen Seiten zusammen, (die Gummibandenden werden dabei mitgefasst) und wenden Sie den Kapuzenschal durch eine Schmalseite. Stecken Sie anschließend die kurzen Seiten rechts auf rechts und nähen Sie sie, soweit Sie kommen, zu. Nun die kurzen Seiten zurückdrehen und den Rest der Naht von Hand mit Staffierstichen schließen. Steppen Sie die Ränder des Kapuzenschals von rechts knappkantig ab. Zum Schluss drapieren Sie den Schal um den Hals, ermitteln so Ihre gewünschte Position für den Knopf und nähen ihn gegenüber der Gummibandschlaufe an.

KUSCHELFAKTOR

Fleeceschal aus Kreisen

GRÖSSE: ca. 14 x 150 cm
SCHWIERIGKEITSGRAD: ☆☆
SCHNITTMUSTER: Kreisvorlage und Blütenvorlage auf Bogen B

MATERIAL:
- 15 x 150 cm Fleece in Grün
- 15 x 150 cm Fleece in Petrol
- 15 x 15 cm Fleecequadrat in Grün
- 6 x 6 cm Fleecequadrat in Petrol
- 1 Knopf, ø 1,5 cm, farblich passend
- Sicherheitsnadel (nach Belieben)
- passende Nähgarne für Ober- und Unterseite
- wasserlöslicher Textilstift oder Schneiderkreide

ZUSCHNITT:
- je 1 Streifen à 20 x 150 cm aus grünem und petrolfarbenem Fleece

Hinweis: Das Schnittmuster für die Fleecekreise vom Bogen kopieren, jeweils auf die linken Stoffseiten auflegen und die Umrisse übertragen. Die Vorlage immer wieder passend verschieben, so dass die Kreise die ganze Stoffbreite ausfüllen. Wenn der letzte Kreis nicht ganz auf den Stoff passt, dann wird er einfach weggelassen. Wichtig ist, dass die zwei Stoffstreifen nach dem Zuschneiden gleich lang sind. Schneiden Sie die Löcher und die runden Außenkanten sehr sorgfältig zu, da die Kanten nicht versäubert werden.

für die Schmuckblume:
- 1x Schnitteil Blüte groß in Grün
- 1x Schnittteil Blüte klein in Petrol

So geht's

Legen Sie die Fleecestreifen links auf rechts aufeinander, d.h. beide "schönen" Stoffseiten sind zu sehen.
Der obere Streifen muss um eine halbe Kreisbreite versetzt platziert sein, sodass seine Löcher an der schmalsten Stelle des unteren Streifens liegen. Die Streifen werden miteinander verflochten, indem Sie den unteren Streifen immer durch das nächste Loch des oberen Streifens ziehen (siehe Skizze S. 38). Nach dem Flechten stecken Sie die Streifen fest und nähen sie gemäß Schnittmustermarkierung an den angezeichneten Nahtlinien zusammen. Achten Sie auf passende Unter- und Oberfadenfarben!

weiter Seite 38

Für den Loop wird der so entstandene Schal nun zum Kreis geschlossen: Legen Sie den Schal hin und falten Sie die Schalenden zur Mitte. Schieben Sie die Enden leicht übereinander, sodass die Schlusssegmente auf die eigenen Farben treffen und sich dann ca. 5 mm breit überlappen. An diesen Stellen werden jeweils die Stofflagen einer Farbe zusammengenäht. Zum Schluss steppen Sie noch gemäß der Markierung im Schnittmuster die zwei halbkreisförmigen Nähte – und der Loop ist fertig. Für die Schmuckblume die Markierungen auf die Stoffrückseiten der Blütenteile übertragen. Falten Sie jeweils die Quadratseiten markierungsgemäß zur Hälfte und nähen Sie entlang dieser Linien Kräuselstiche (Heftstiche). Ziehen Sie den Stoff an den Heftnähten zusammen und fixieren Sie die Kräuselungen. Setzen Sie die kleine Blüte mittig auf die große, wie auf den Fotos zu sehen, und befestigen sie mit einigen Stichen. Zum Schluss den Knopf mittig darüber aufnähen – fertig ist die Blume. Sie können sie entweder mit einer Sicherheitsnadel befestigen oder am Schal festnähen.

FRÜHLINGSGEFÜHLE

Fröhlicher Loopschal mit Abnähern „Für Sie" und „Für Ihn"

GRÖSSE: 24,5 x 130 cm (Variante "Für Sie")
19,5 x 135 cm (Varainte "Für Ihn")

SCHWIERIGKEITSGRAD: ☆☆

MATERIAL:

- 65 x 150 cm Baumwollstoff in Gelb mit Kreisen (Variante „Für Sie")
- 45 x 150 cm Baumwollstoff in Türkisbraun mit Kreisen (Variante „Für Ihn")
- 1 Knopf, ø 2 cm, farblich passend (Variante „Für Sie")
- passendes Nähgarn

ZUSCHNITT:

(inkl. 1 cm Nahtzugabe)

- 1 Streifen à 50 x 150 cm aus gelbem Baumwollstoff
- 1 Kreis mit 12 cm Durchmesser für die Rosette aus gelbem Baumwollstoff (Variante „Für Sie")
- 1 Streifen à 41 x 150 cm aus türkisbraunem Baumwollstoff

So geht's

Variante „Für Sie": Falten Sie den Stoffstreifen der Länge nach rechts auf rechts und stecken Sie die Seite fest. Nähen Sie 10 cm der Längsseite zusammen, sparen Sie dann 10 cm für die Wendeöffnung aus und steppen Sie den Rest der Naht. Wenden Sie den Stoffschlauch auf rechts und bügeln Sie ihn. Dabei bildet die Seitennaht die eine und die ursprüngliche Stoffmittellinie die andere Kante. Falten Sie die Stoffseite der Schmalseite in der Nähe der Wendeöffnung 1 cm breit nach innen und bügeln sie fest. Damit später nur die Stoffseite mit den Abnähern sichtbar ist, nun den Stoffschlauch flach hinlegen und in der Mitte eine 360-Grad-Drehung machen, sodass die gleiche Schalseite sowohl rechts, als auch links neben dem Drehpunkt oben liegt (siehe Skizze S. 41). Falten Sie die Schmalseiten zur Mitte und stecken Sie das ungebügelte Ende in das umgeschlagene Ende. Greifen Sie durch die Wendeöffnung und ziehen Sie die ineinander gesteckten Stoffenden durch die Öffnung heraus. Stecken Sie die herausgezogenen Stoffkanten zusammen und achten Sie darauf, dass die jeweiligen Seitennähte dabei übereinander liegen. Steppen Sie die Enden mit einer ringförmigen Naht zusammen und ziehen Sie anschließend wieder alles auf rechts. Jetzt steppen Sie die Längskanten des Loops rundherum knappkantig ab, die Wendeöffnung wird dabei mitgefasst.

Nun werden sieben Abnäher genäht: Bringen Sie dafür auf dem Loop etwa alle 21 cm eine Markierung an. Falten Sie den Loop jeweils an diesen Stellen und stecken Sie die Abnäher fest. Jeder Abnäher verläuft in 1 cm Abstand zur Faltkante, die Nahtenden sind jeweils 5 cm von den Kanten entfernt.

Für die Rosette arbeiten Sie von Hand entlang der Kante des Stoffkreises eine Runde Kräuselstiche (Heftstiche). Ziehen Sie den Faden fest, sodass sich der Stoff beutelartig zusammenrafft und nur eine minimale Öffnung bleibt. Zupfen Sie die Raffungen zurecht und fixieren Sie sie mit einigen Stichen. Nähen Sie über das kleine Loch in der Mitte den Knopf und befestigen Sie die fertige Rosette mit ein paar Stichen am Loop.

Variante „Für Ihn": Hier wird der Stoffstreifen nicht zum Loop geschlossen, sondern als Schal getragen. Nähen Sie den Stoffstreifen längs rechts auf rechts zusammen. Durch eine Schmalseite auf rechts wenden und bügeln. Die Nahtzugaben der Schmalseiten 1 cm nach innen falten und bügeln. Steppen Sie den Schal nun ringsherum knappkantig ab. Markieren und steppen Sie anschließend die Abnäher wie oben beschrieben – fertig ist das Herrenmodell.

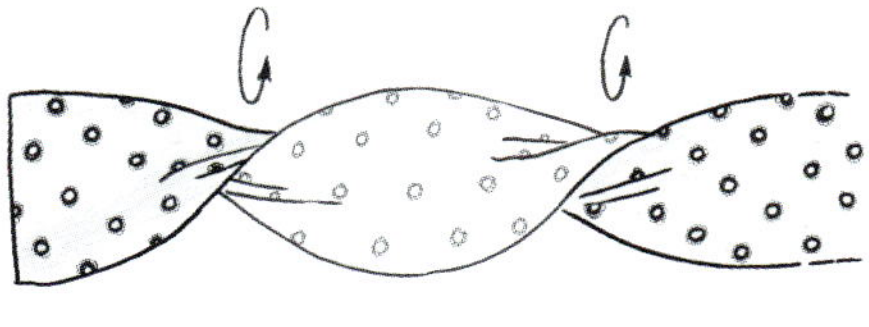

LOOP-LOVE

Patchwork-Loop mit Kellerfalten

GRÖSSE: 20 x 140 cm
SCHWIERIGKEITSGRAD: ☆☆☆

MATERIAL:
- 44 x 150 cm Baumwollstoff in Weiß mit Eulenmuster
- 44 x 150 cm Baumwollstoff in Grau mit Punkten
- passendes Nähgarn

ZUSCHNITT:
(inkl. 1 cm Nahtzugabe)
- 2 Streifen à 22 x 150 cm aus Eulenstoff; aus diesen Streifen 7 Stücke à 22 x 30 cm
- 1 Streifen à 22 x 150 cm aus grauem Punktestoff; aus diesem Streifen 6 Stücke à 22 x 10 cm und 2 Stücke à 22 x 6 cm
- 1 Streifen à 22 x 145 cm aus grauem Punktestoff

So geht's

Bereiten Sie zuerst die Stücke aus Eulenstoff wie folgt vor: Die kurzen Stoffseiten je 5 cm nach hinten falten, die Falten bügeln und knappkantig absteppen. Die Stoffstücke sind jetzt 22 x 20 cm groß.
Legen Sie die zwei 22 x 6 cm großen Stücke aus Punktestoff zunächst beiseite. Falten Sie eines der vorbereiteten Eulenstoffstücke wieder auf. Nähen Sie an die eine 22 cm lange Seite rechts auf rechts ein Stück Punktestoff mit ca. 5 mm Nahtzugabe fest. An der gegenüberliegenden Seite des Eulenstoffes ebenso ein Stück Punktestoff annähen und daran wieder ein (aufgefaltetes) Stück aus Eulenstoff. Auf diese Weise nähen Sie im Wechsel alle Stoffstücke zusammen – bis auf die zwei schmalen Stücke aus Punktestoff. Anfang und Ende des Patchwork-Streifens bildet nun jeweils ein Stück aus Eulenstoff. An diese zwei Stoffstücke nähen Sie jetzt je ein schmales Stück aus Punktestoff.

Legen Sie den Streifen hin. Richten Sie die gebügelten, abgenähten Falten, indem Sie sie über die Punktestoffstücke schieben. Die Falten nochmals richtig einbügeln und feststecken. Vom Punktestoff ist jetzt nur noch am Anfang und Ende je ein ca. 1 cm breites Stück zu sehen, der Rest liegt vollständig unter dem Eulenstoff. Steppen Sie zum Fixieren der Falten die Längsseiten des Streifens mit ca. 7 mm Nahtzugabe ab. Achten Sie dabei darauf, dass die Falten nicht verrutschen.

Breiten Sie jetzt den 22 x 145 cm langen Streifen aus Punktestoff aus und legen Sie den gefalteten Patchwork-Streifen rechts auf rechts darauf. Nun die langen Seiten feststecken und eine Seite mit 1 cm Nahtzugabe komplett schließen. Steppen Sie die andere Längsseite ca. 10 cm zusammen, lassen Sie 10 cm für die Wendeöffnung offen und nähen Sie dann die restliche Naht. Dann die Länge des Punktestoffstreifens an die Länge des Patchworkstreifens anpassen. Wenden Sie den Stoffschlauch auf rechts und bügeln ihn. Dabei die Lage der Seitennaht immer wieder kontrollieren, sie muss exakt an der Stoffkante verlaufen und darf nicht nach innen rutschen.

Um den Schal zum Loop zu schließen, falten Sie die Stoffkante der Schmalseite in der Nähe der Wendeöffnung ca. 1 cm breit nach innen und bügeln sie fest. Damit nur die Stoffseite mit den Kellerfalten sichtbar ist, nun den Stoffschlauch flach hinlegen und in der Mitte eine 360-Grad-Drehung machen, sodass die gleiche Schalseite sowohl rechts, als auch links neben dem Drehpunkt oben liegt (siehe auch Skizze S. 41). So ist später beim Anziehen nur die "Eulenseite" sichtbar. Falten Sie die Schmalseiten zur Mitte und stecken Sie das ungebügelte Ende in das umgeschlagene Ende. Der Punktestoff ist nun nicht mehr zu sehen, die Falten des Eulenstoffes verdecken ihn wieder. Greifen Sie durch die Wendeöffnung und ziehen Sie die ineinandergesteckten Stoffenden durch die Öffnung heraus. Nun die herausgezogenen Stoffkanten zusammenstecken, sodass die jeweiligen Seitennähte übereinander liegen. Steppen Sie die Enden mit einer ringförmigen Naht an der Bügellinie zusammen und ziehen Sie anschließend wieder alles auf rechts. Zum Schluss die Wendeöffnung mit Staffierstichen zunähen.

SWEETS

Blumenschal mit aufgesteppten Raffungen

GRÖSSE: 23 x 148 cm
SCHWIERIGKEITSGRAD: ☆☆

MATERIAL:
- 25 x 150 cm Baumwollstoff mit Blumenmuster in Weiß
- 25 x 150 cm Vichykarostoff in Beige
- passendes Nähgarn
- wasserlöslicher Textilstift oder Schneiderkreide

ZUSCHNITT:
(inkl. 1 cm Nahtzugabe)
- je 1 Streifen à 25 x 140 cm aus Blumenstoff und aus Karostoff

So geht's

Legen Sie die zwei Stoffstreifen rechts auf rechts kantengenau aufeinander. Dann alle vier Seiten feststecken und zusammennähen. Dabei an einer Schmalseite eine 7 cm lange Wendeöffnung lassen. Die Nahtzugaben an den Ecken bis knapp zur Naht zurückschneiden und den Schal durch die Wendeöffnung auf rechts wenden. Formen Sie die Ecken und Seiten vorsichtig aus. Nun den Schal bügeln, dabei die Lage der Seitennähte immer wieder kontrollieren. Sie müssen exakt entlang der Stoffkante verlaufen und dürfen nicht nach innen rutschen. Schließen Sie die Wendeöffnung mit Staffierstichen. Bringen Sie für die Raffungen alle 30 cm eine Markierung mit Stecknadeln an und zeichnen Sie an diesen Stellen mit Textilstift oder Schneiderkreide eine rechtwinklige Linie quer über den Schal. Dann nähen Sie mit der größten Stichlänge (je Nähmaschine 5-7 mm) und verlockertem Oberfaden (am besten mit einem Garn, dessen Farbe auf dem Stoff gut zu sehen ist und farblich zu ihm passt) je zwei Nähte entlang der Markierungen. Die angezeichneten Linien liegen zwischen den Nähten. Der Abstand der Nähte beträgt dabei 3-4 mm zueinander. Am Nahtanfang und -ende lassen Sie die Fäden ca. 10-15 cm lang. Pro Linie werden zwei Unterfadenenden miteinander verknotet. Jetzt fassen Sie die losen Unterfadenenden und schieben den Stoff vorsichtig auf etwa 10 cm Breite zusammen. Nun verknoten Sie auch die losen Enden miteinander, damit der Stoff nicht

auseinanderrutscht. Keine Fäden abschneiden! Um die Raffungen festzusteppen wird jetzt direkt auf den ursprünglichen Markierungen zwischen den zwei Hilfsnähten entlanggenäht: Beginnen Sie die Naht in der Mitte der Strecke und nähen Sie langsam bis zur Stoffkante. Dort die Nadel im Stoff stecken lassen, den Schal drehen und nun über die eben gesteppte Naht und weiter entlang der Markierung bis zur anderen Kante nähen. Dort die Nadel wieder stecken lassen, den Schal erneut drehen und über die eben genähte Naht und noch etwas uber diese Strecke hinaus steppen. So wird die Raffung gesichert. Zum Schluss die Fäden der Hilfsnähte entfernen.

REVERSE APPLIQUÉ

Raffiniert bestickter Schal

GRÖSSE: 30 x 140 cm
SCHWIERIGKEITSGRAD: ☆☆
SCHNITTMUSTER: Stick- und Ausschneidevorlage Bogen B

MATERIAL:
- 30 x 140 cm Baumwolljersey in Petrol
- 30 x 140 cm Baumwolljersey in Hellgrün
- sechsfädiges Sticktwist in Lila
- Sticknadel
- passendes Nähgarn
- Overheadfolie in Din-A-4 Format
- auswaschbarer Sprühkleber (z.B. Odif 505)
- Cutter
- wasserlöslicher Textilstift

ZUSCHNITT:
(inkl. 1 cm Nahtzugabe)
- je 1 Streifen à 30 x 140 cm aus petrolfarbenem und grünem Baumwolljersey

So geht's

Stecken Sie die beiden Stoffe rechts auf rechts und nähen Sie sie rundherum bis auf eine Wendeöffnung zusammen. Wenden Sie den Schal, lassen Sie die Wendeöffnung aber noch offen. Stecken Sie nun die Lagen sorgfältig aufeinander. Übertragen Sie die Motiv-Vorlage auf die Folie und schneiden Sie das Motiv mit dem Cutter aus. Kleben Sie mit Sprühkleber die so entstandene Schablone auf die petrolfarbene Jerseyseite und übertragen Sie die Umrisse mit dem Textilstift auf den Stoff.
Teilen Sie das Sticktwist in drei Fäden und sticken Sie mit dem dreifädigen Strang kleine Vorstiche ca. 2-3 mm neben den gezeichneten Linien. So nähen Sie beide Stofflagen gleichzeitig zusammen. Führen Sie Anfang und Ende des Garns beim Sticken durch die Wendeöffnung, sodass die Knoten im Stoff verschwinden. Schließen Sie die Wendeöffnung von Hand mit Staffierstichen. Heben Sie nun die petrolfarbene Stofflage an und schneiden Sie das Motiv vorsichtig und sehr sorgfältig entlang der gezeichneten Linien aus. Achtung: Dabei nicht in die grüne Stofflage schneiden!

Impressum

Entwurf und Realisation: Carmen Dahlem (S. 6, 8, 10, 16, 26, 28), Dorothea Fortmann (S. 30, 36, 39, 42, 44), Beate Pöhlmann (S. 4, 34, 46), Siegrid Reinelt (S. 13, 18, 21, 24, 32)
Redaktion: Anna Fischer
Lektorat: Anja Fuhrmann
Modellfotografie: Florian Eilger Fotodesign
Steppfotos: Carmen Dahlem
Styling: Peggy Kummerow
Skizzen: Siegrid Reinelt, Dorothea Fortmann, Carmen Dahlem
Vorlagenzeichnungen: Beate Schmitz
Gesamtgestaltung und Satz: GrafikwerkFreiburg
Reproduktion: RTK & SRS mediagroup GmbH
Druck und Verarbeitung: Ömür Printing, Istanbul

ISBN 978-3-8410-6355-7
Art.-Nr. 6355

Bezugsquellen

- Au Maison: www.aumaison.dk
- Buttinette: www.buttinette.de
- Dill Buttons: www.dill-buttons.com
- fabfab: www.stoffe.de
- Freudenberg: www.vlieseline.de
- Kurt Frowein: www.kurt-frowein.de
- Gütermann: www.guetermann.com
- Modestoffe Hemmers: www.stoffe-hemmers.de
- Prym: www.prym-consumer.com
- Siebenblau: www.siebenblau.de
- stof A/S: www.stof-dk.com
- Stoff & Stil: www.stoffundstil.de
- Florence Naturfaserstoffe: www.florence.de
- Anita Pavani Stoffe: www.naturstoff.de

Kreativ-Service

Sie haben Fragen zu den Büchern und Materialien? Frau Erika Noll ist für Sie da und berät Sie rund um alle Kreativthemen. Rufen Sie an! Wir interessieren uns auch für Ihre eigenen Ideen und Anregungen. Sie erreichen Frau Noll per E-Mail: **mail@kreativ-service.info** oder Tel.: **+49 (0) 5052/91 18 58** Montag–Donnerstag: 9–17 Uhr / Freitag: 9–13 Uhr

Besuchen Sie uns im Internet: **www.christophorus-verlag.de**